D0605283

•Las aventuras de Nicolás•

La gata perdida

•Adventures with Nicholas•

The Missing Cat

Illustrated by Chris Demarest

New York   Munich   Singapore

Contacting the Editors

Every effort has been made to provide accurate information in this publication, but changes are inevitable. The publisher cannot be responsible for any resulting loss, inconvenience or injury. We would appreciate it if readers would call our attention to any errors or outdated information by contacting Berlitz Publishing, 193 Morris Ave., Springfield, NJ 07081, USA. Fax: 1-908-206-1103, email: comments@berlitzbooks.com

First Printing: February 2006
Printed in China

Dear Parents,

The *Adventures with Nicholas* stories will create hours of fun and productive learning for you and your child. Children love sharing books with adults, and story-based learning is a natural way for your child to develop second language skills in an enjoyable and entertaining way.

In 1878, Professor Maximilian Berlitz had a revolutionary idea about making language learning accessible and enjoyable. Today Berlitz Kids™ products combine his time-tested principles with up-to-date research to ensure that children have the greatest possible success in learning a second language.

Just as listening to stories develops children's first-language skills, it is also one of the best ways to develop their knowledge of a second language. By the time children are about four years old, they usually enjoy hearing stories for as long as 15 minutes.

The materials you are holding in your hands—*Adventures with Nicholas*—are an engaging, positive way to present a second language to children. Each of the eight episodes presents foreign-language words gradually, in context. The content and vocabulary have been carefully chosen to draw your child into the story. Use these materials with your child any time: as a play activity, during quiet time, or in the bedtime story hour.

On the audio program your child will hear the story with wonderful sound effects. Your child will also hear entertaining and memorable songs. The songs are not just fun. Language experts say that singing songs helps kids learn the sounds of a new language more easily. What's more, an audio dictionary helps your child learn the pronunciation of important words.

As you listen to the stories, keep the mood light and easygoing, and take your cues from your child. Soon you'll be surprised by your child's increasing fluency.

Welcome!

The Editors at Berlitz Kids™

¿Dónde está Princesa?

Where Is Princess?

Nicolás quiere a su gata.
Se llama Princesa.

Nicholas loves his cat.
Her name is Princess.

—¡Dios mío!
¿Dónde está Princesa?

"Oh, no!
Where is Princess?"

6

Juan es el hermano de Nicolás.
—Hola, Juan, ¿dónde está Princesa?
—No sé.

John is Nicholas's brother.
"Hi, John, where is Princess?"
"I don't know."

—Buenos días, mamá. ¿Dónde está Princesa?
—No sé.

"Good morning, Mom. Where is Princess?"
"I don't know."

María es la hermana de Nicolás.
—Hola, María, ¿dónde está Princesa?
—No sé.

Maria is Nicholas's sister.
"Hi, Maria, where is Princess?"
"I don't know."

—Buenos días, papá. ¿Dónde está Princesa? —
    pregunta Nicolás.
—No sé. Vamos a buscarla —dice su papá.
—Yo quiero ir también —dice María.
Así que Nicolás, María y su papá van a buscar
    a Princesa.

"Good morning, Dad. Where is Princess?" asks Nicholas.
"I don't know. Let's go look for her," says his dad.
"I want to go, too," says Maria.
So, Nicholas, Maria, and their dad go out to look for Princess.

Buscando a Princesa

Looking for Princess

Nicolás, María y su papá buscan a Princesa.
—Princesa, ¿dónde estás?
—Princesa, ¿dónde estás?
—Princesa, ¿dónde estás?

Nicholas, Maria, and their dad are looking for Princess.
"Princess, where are you?"
"Princess, where are you?"
"Princess, where are you?"

Buscan por aquí.

They look here.

Buscan por allí.

They look there.

Buscan por todas partes.

They look everywhere.

Nicolás no ve a Princesa.
¡Pero sí ve la comida!
—Tengo hambre —dice Nicolás.
—Tengo sed —dice su papá.
—Tengo hambre y sed —dice María.

Nicholas doesn't see Princess.
But he does see food!
"I'm hungry," says Nicholas.
"I'm thirsty," says his dad.
"I'm hungry and thirsty," says Maria.

—¿Quieres una manzana?

—No, no quiero una manzana —dice Nicolás.

—¿Quieres uvas?

—No, no quiero uvas.

"Do you want an apple?"

"No. I don't want an apple," says Nicholas.

"Do you want some grapes?"

"No. I don't want some grapes."

—¿Qué quieres?
—¡Quiero una banana! —dice Nicolás.
—¡Mmm! ¡Qué rica! ¡Gracias, papá!
—¡De nada, Nicolás!

"What do you want?"
"I want a banana!" says Nicholas.
"Mmm! That's good. Thanks, Dad!"
"You're welcome, Nicholas!"

—Hola, estoy buscando a mi gata.
Se llama Princesa.
¿Sabe dónde está?

"Hello. I'm looking for my cat.
Her name is Princess.
Do you know where she is?"

—Tal vez está por allí.
—Papá, vamos a buscarla por allí —dice Nicolás.
—Qué buena idea —dicen su papá y María.
Y se van a buscarla.

"Maybe she's over there."
"Dad, let's look over there," says Nicholas.
"Good idea," say his dad and Maria.
And away they go

3

El dibujo de Princesa

Princess's Picture

—Vamos, Nicolás.
Vamos a pedir ayuda.
—Mi gata está perdida —dice Nicolás.
—Por favor, ¿puede ayudarme?

"Come on, Nicholas.
Let's get help."
"My cat is lost," says Nicholas.
"Can you please help me?"

—Claro que puedo ayudarte.
¿Es la gata grande o pequeña, Nicolás?
—Es pequeña —dice Nicolás.

"Sure, I can help you.
Is your cat big or little, Nicholas?"
"She's little," says Nicholas.

—¿Es blanca?
—No, no es blanca.

"Is she white?"
"No. She isn't white."

—¿Es negra?
—No, no es negra."

"Is she black?"
"No. She isn't black."

—¿Es rosada?
—¡No, no! ¡No es rosada!
Princesa es anaranjada.

"Is she pink?"
"No, no! She isn't pink!
Princess is orange."

—¡Sí, ésa es Princesa! ¡Gracias!
—De nada. Vamos a poner los
    dibujos por todo el pueblo.
Y se van.

"Yes, that's Princess! Thank you!"
"You're welcome. Let's put these
    pictures all around the town."
And that's what they do.

4

Los diez dibujos de Princesa

Ten Princesses

—Vamos a la biblioteca, papá.
Mucha gente va a la biblioteca.

*"Let's go to the library, Dad.
Lots of people go to the library."*

—Vamos al correo —dice el papá de Nicolás.

—Mucha gente va al correo.

—Es verdad —dice María.

"Let's go to the post office," says Nicholas's dad.
"Lots of people go to the post office."
"That's right," says Maria.

—Vamos al hotel.
Mucha gente va al hotel.

*"Let's go to the hotel.
Lots of people go to the hotel."*

—Vamos al mercado y a la panadería.
Mucha gente va allí también.

*"Let's go to the grocery store and the bakery.
Lots of people go there, too."*

Ellos van por todas partes del pueblo.
—Gracias por ayudarnos —dice Nicolás.
—¡Muchas gracias! —dice María.
—¡De nada!

They go all around the town.
"Thank you for helping," says Nicholas.
"Thank you very much!" says Maria.
"You're welcome."

Nicolás cuenta.
—Uno, dos, tres, cuatro, cinco,
  seis, siete, ocho, nueve, diez.
¡Diez dibujos de Princesa!
Nicolás y María ya se sienten mejor.

Nicholas counts.
"One, two, three, four, five,
  six, seven, eight, nine, ten.
Ten pictures of Princess!"
Nicholas and Maria feel better already.

5 En la estación de bomberos

At the Firehouse

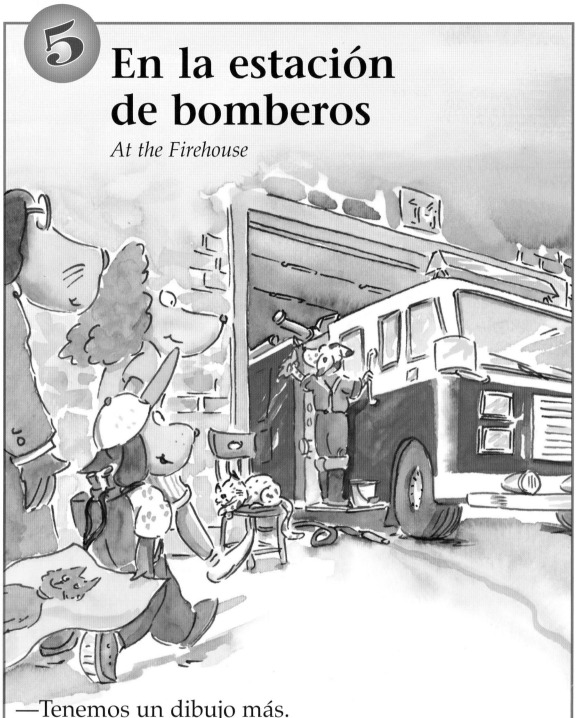

—Tenemos un dibujo más.
Vamos a llevarlo a la estación de bomberos —
   dice Nicolás.

"We have one more picture.
Let's take it to the firehouse," says Nicholas.

—Hola, ¿puede ayudarnos? —pregunta Nicolás.

—¿Hay un incendio?

—No. Estoy buscando a mi gata.

—¿Se está quemando tu gata?

—No, está perdida.

—La gata es así —dice el papá de Nicolás.

"Hello. Can you help us?" asks Nicholas.
"Is there a fire?"
"No. I'm looking for my cat."
"Is your cat on fire?"
"No, she's lost."
"She looks like this," says Nicholas's dad.

—Ummm. Déjame ver.
El domingo, no hay gata.
El lunes, no hay gata.

*"Hmmm. Let me see.
On Sunday, no cat.
On Monday, no cat.*

31

El martes, no hay gata.
El miércoles, no hay gata.
El jueves, no hay gata.
El viernes, no hay gata.

On Tuesday, no cat.
On Wednesday, no cat.
On Thursday, no cat.
On Friday, no cat."

—Hoy es sábado.
Hoy, no hay gata.
No hay gata en toda la semana.
Lo siento. No puedo ayudarles.
Pero llámenme si ven un incendio.

"Today is Saturday.
No cat today.
No cat all week.
I'm sorry. I can't help you.
But call me if you see a fire."

—Nadie puede encontrar a Princesa —dice Nicolás.

—Princesa todavía está perdida.

—No te desanimes —dice su papá.

—No te desanimes —dice su hermana.

Nicolás se sonríe.

Pero piensa, —La echo de menos.

"No one can find Princess," says Nicholas.
"Princess is still lost."
"Don't give up," says his dad.
"Don't give up," says his sister.
Nicholas smiles.
But he thinks, "I still miss Princess."

6 Recordando a Princesa

Remembering Princess

Nicolás recuerda a su gata.
—En la primavera, a Princesa le gustan las flores.
Ella juega en el jardín.

Nicholas remembers his cat.
"In the spring, Princess likes the flowers.
She plays in the garden."

—En el verano, a Princesa le gustan los peces.
Ella juega cerca del estanque.
¡Pero no le gusta mojarse!

*"In the summer, Princess likes the fish.
She plays by the pond.
But she doesn't like to get wet!"*

—En el otoño, a ella le gustan las hojas.
Ella juega en los árboles.

*"In the fall, she likes the leaves.
She plays in the trees."*

En el invierno, a Princesa le gusta la nieve.
Ella juega conmigo.

*"In the winter, Princess likes the snow.
She plays with me."*

—¡Mira quién viene!
¡Y mira lo que trae!
Hola. ¿Está Princesa ahí? —pregunta Nicolás.
—No, Nicolás, lo siento.
Princesa no está aquí.

"Look who's coming!
And look what he's carrying!
Hello. Is Princess in there?" asks Nicholas.
"No, Nicholas, I'm sorry.
It's not Princess."

—Pero tengo un gato.
Es muy lindo
    y necesita un hogar.
¿Puedes adoptarlo?
—Sí, sí —dice Nicolás.
Y así es como Nicolás consigue
    un gato nuevo.

"But I do have a cat.
He's very cute,
    and he needs a home.
Can you take him in?"
"Yes, yes," says Nicholas.
And that is how Nicholas gets
    his new cat.

7 Un gato, dos gatos

One Cat, Two Cats

Nicolás llama a su mamá.
—¡Mamá! ¡Mira!
Tenemos un gatito nuevo.
—¡Qué bueno! —dice mamá.
Nicolás llama a su hermano.
—¡Juan! ¡Mira!
Tenemos un gatito nuevo.
—¡Qué bueno! —dice Juan.

Nicholas calls his mom.
"Mom! Look!
We have a new kitten."
"Great!" says Mom.
Nicholas calls his brother.
"John! Look!
We have a new kitten."
"Great!" says John.

El gatito va por toda la casa.
Juega en la cocina.
Corre por todos lados.
Encuentra comida.
—Le gusta —dice Nicolás.

The kitten looks all around the house.
He plays in the kitchen.
He runs around and around.
He finds some food.
"He likes it," says Nicholas.

El gatito juega en la sala.
Encuentra su cama.
—Le gusta —dice Nicolás.

The kitten plays in the living room.
He finds his bed.
"He likes it," says Nicholas.

El gatito juega en el cuarto de baño.
Corre de arriba a abajo.
Encuentra a un ratón de juguete.
—Le gusta. Le gusta muchísimo.

The kitten plays in the bathroom.
He runs up and down.
He finds a toy mouse.
"He likes it. He likes it a lot."

44

El gatito juega en el dormitorio.
Corre por todos lados,
    adentro y afuera,
    arriba y abajo.
¡Mira lo que encuentra!

The kitten plays in the bedroom.
He runs around and around,
    in and out,
    and up and down.
Look what he finds!

¡Princesa!
—Te quiero, Princesa —dice Nicolás.
—Yo te quiero, también —dice María.
—Yo te quiero, también —dice Juan.

Princess!
"Princess, I love you," says Nicholas.
"I love you, too," says Maria.
"I love you, too," says John.

—¡Mira, mamá! ¡Mira, papá!
¡Aquí está Princesa!
A Princesa le gusta el gatito.
Al gatito le gusta Princesa también.
Y Nicolás se siente muy, muy feliz.

"Look Mom! Look, Dad!
It's Princess!"
Princess likes the kitten.
The kitten likes Princess, too.
And Nicholas feels very, very happy.

8 La fiesta

The Party

—Ahora tenemos dos gatos —dice Nicolás.

—¡Vamos a celebrarlo!

—Sí —dice la mamá. —Vamos a hacer una fiesta
   a las siete.

"Now we have two cats," says Nicholas.
"Let's celebrate!"
"Yes," says Mom. "Let's have a party at seven o'clock."

—Papá, ¿podemos empezar la fiesta ahora? — pregunta Nicolás.

—No, Nicolás, son sólo las cinco.
La fiesta empieza dentro de dos horas.

"Dad, can we start the party now?" asks Nicholas.
"No, Nicholas, it's only five o'clock.
The party starts in two hours."

—María, ¿podemos empezar la fiesta ahora?
—No, Nicolás, son sólo las seis.
La fiesta empieza dentro de una hora.

"Maria, can we start the party now?"
"No, Nicholas, it's only six o'clock.
The party starts in one hour."

—¡Qué bueno! Son las siete.
¡Es hora de empezar la fiesta! —dice Nicolás.

*"Hooray! It's seven o'clock.
It's time for the party!" says Nicholas.*

—¿Puedo comer helado? —pregunta Nicolás.

—¿Y yo también? —pregunta Juan.

—Sí —dice mamá.

—¿Puedo comer pastel? —pregunta Nicolás.

—¿Y yo también? —pregunta Juan.

—Sí —dice mamá.

"May I have some ice cream?" asks Nicholas.
"Me too?" asks John.
"Yes," says Mom.
"May I have some cake?" asks Nicholas.
"Me too?" asks John.
"Yes," says Mom.

—¡Qué fiesta fabulosa! —dice María.
—¡Tenemos mucha suerte! —dice Nicolás.
—¡Somos una familia feliz!

"What a great party!" says Maria.
"We're so lucky!" says Nicholas.
"We're one happy family!"

Song Lyrics

Song to Accompany Story 1

¡Miau! *(Meow!)*
[Sung to the tune of "Oh Where, Oh Where Has My Little Dog Gone?"]

¿Adónde? ¿Adónde
fue mi gatita?
¿Dónde? ¿Dónde estará?
Cortas orejitas,
larga colita,
¿En el árbol estará?
¡MIAU!

¿Adónde? ¿Adónde
fue mi gatita?
¿Dónde? ¿Dónde estará?
Cortas orejitas,
larga colita,
¿Bajo la alfombra estará?
¡MIAU!

¿Adónde? ¿Adónde
fue mi gatita?
¿Dónde? ¿Dónde estará?
Cortas orejitas,
larga colita,
¿El auto conducirá?
¡ZAS!

¿Adónde? ¿Adónde
fue mi gatita?
¿Dónde? ¿Dónde estará?
Cortas orejitas,
larga colita,
¿Habrá ido a nadar al mar?
¡UY!

¿Adónde? ¿Adónde
fue mi gatita?
¿Dónde? ¿Dónde estará?
Cortas orejitas,
larga colita,
¿Dónde? ¿Dónde estará?
¡MIAU!

Oh where, oh where
Has my little cat gone?
Oh where, oh where can she be?
With her ears so short,
And her tail so long,
I think she's up in a tree!
MEOW!

Oh where, oh where
Has my little cat gone?
Oh where, oh where can she be?
With her ears so short,
And her tail so long,
I think she's under the rug.
MEOW!

Oh where, oh where
Has my little cat gone?
Oh where, oh where can she be?
With her ears so short,
And her tail so long,
I think she's driving the car.
CRASH!

Oh where, oh where
Has my little cat gone?
Oh where, oh where can she be?
With her ears so short,
And her tail so long,
I think she went out to sea!
AHOY!

Oh where, oh where
Has my little cat gone?
Oh where, oh where can she be?
With her ears so short,
And her tail so long,
Oh where, oh where can she be?
MEOW!

Mi gatita *(My Kitten)*

[Sung to the tune of "The Cat and the Rat" (French Folk Song)]

Hambrienta mi gatita está.	*My kitten is a hungry cat.*
Le gustan las bananas.	*She likes to eat bananas.*
Al árbol alto subirá	*She climbs up into tall trees,*
y allí se las comerá.	*And gobbles them right down.*
¡La, la, la, la!	*Munch, munch, munch, munch,*
¡Qué ricas están las bananas!	*How delicious the bananas are.*
¡Ja, ja, ja, ja!	*Munch, munch, munch, munch,*
¡Todas se comerá!	*She gobbles them right down.*
Hambrienta mi gatita está.	*My kitten is a hungry cat.*
Le gustan las manzanas.	*She likes to eat apples.*
Al árbol alto subirá	*She climbs up into tall trees,*
y allí se las comerá.	*And gobbles them right down.*
¡La, la, la, la!	*Munch, munch, munch, munch,*
¡Qué ricas están las manzanas!	*How delicious the apples are.*
¡Ja, ja, ja, ja!	*Munch, munch, munch, munch,*
¡Todas se comerá!	*She gobbles them right down.*
Hambrienta mi gatita está.	*My kitten is a hungry cat.*
Le gustan las naranjas.	*She likes to eat oranges.*
Al árbol alto subirá	*She climbs up into tall trees,*
y allí se las comerá.	*And gobbles them right down.*
¡La, la, la, la!	*Munch, munch, munch, munch,*
¡Qué ricas están las naranjas!	*How delicious the oranges are.*
¡Ja, ja, ja, ja!	*Munch, munch, munch, munch,*
¡Todas se comerá	*She gobbles them right down.*

Perros rosados y vacas azules *(Pink Dogs and Blue Cows)*

[Sung to the tune of "My Bonnie Lies Over the Ocean"]

Nunca vi perros rosados.	*I never believed there were pink dogs.*
Ni pensé que los habría de ver.	*They are such a strange sight to see.*
Pero ése que está ahí	*I never believed there were pink dogs,*
me mira y me mira a mí.	*But that one is staring at me.*
Guau, guau, guau, guau,	*Ruff, ruff, ruff, ruff,*
me mira y me mira a mí	*A pink dog is staring at me*
¡AHORA!	*—RIGHT NOW!*
Guau, guau, guau, guau,	*Ruff, ruff, ruff, ruff,*
me mira y me mira a mí.	*A pink dog is staring at me.*

Nunca vi vacas azules.	*I never believed there were blue cows.*
Ni pensé que las habría de ver.	*They are such a strange sight to see.*
Pero ésa que está ahí	*I never believed there were blue cows,*
me mira y me mira a mí.	*But that one is staring at me.*
Muu, muu, muu, muu,	*Moo, moo, moo, moo,*
me mira y me mira a mí	*A blue cow is staring at me*
¡AHORA!	*—RIGHT NOW!*
Muu, muu, muu, muu,	*Moo, moo, moo, moo,*
me mira y me mira a mí.	*A blue cow is staring at me.*
Nunca vi caballos verdes.	*I never believed there were green horses.*
Ni pensé que los habría de ver.	*They are such a strange sight to see.*
Pero ése que está ahí	*I never believed there were green horses,*
me mira y me mira a mí.	*But that one is staring at me.*
¡Ea, ea, ea, ea!,	*Neigh, neigh, neigh, neigh,*
me mira y me mira a mí.	*A green horse is staring at me*
¡AHORA!	*—RIGHT NOW!*
¡Ea, ea, ea, ea!	*Neigh, neigh, neigh, neigh,*
me mira y me mira a mí.	*A green horse is staring at me.*

Song to Accompany Story 4

Tic, tic *(Drip Drop)*
[Sung to the tune of "Little Bird at My Window" (German Folk Song)]

Tic tic. Tic tic.	*Drip drop. Drip drop.*
Tic tic. Tic tic.	*Drip drop. Drip drop.*
Mira por mi ventana	*Come and look out my window.*
¿Ves lo que veo yo?	*Do you see what I see?*
Veo cinco gotitas,	*I see five little raindrops,*
sonriéndome.	*Smiling at me.*
[*Repeat with* cuatro gotitas,	[Repeat with *four little*
then tres gotitas,	*raindrops,* then *three,* then
then dos gotitas.]	*two little raindrops.*]
Mira por mi ventana	*Come and look out my window.*
¿Ves lo que veo yo?	*Do you see what I see?*
Veo una gotita	*I see one little raindrop,*
sonriéndome .	*Smiling at me.*
Mira por mi ventana	*Come and look out my window.*
¿Ves lo que veo yo?	*Do you see what I see?*
Brilla el sol en el cielo,	*There's a sky full of sunshine,*
sonriéndome.	*Smiling at me.*
¡Vamos a jugar!	*Let's play!*

Yo busco *(I'm Looking)*
[Sung to the tune of "Loop-ty Loo"]

Yo busco a mi gatito
y mis libros también.
Mis lápices yo busco;
nada puedo encontrar.

I'm looking for my kitten.
I'm looking for my book.
I'm looking for my pencils.
I don't know where to look.

El lunes, martes y miércoles,
¡nada pude encontrar!
Jueves, viernes y sábado,
tampoco el domingo, nada hallé.

Monday, Tuesday, Wednesday,
I can't find anything!
Thursday, Friday, Saturday,
By Sunday I can't find anything.

Yo busco a mi tortuga
y el balón que perdí
y todos los crayones
que dejé por ahí.

I'm looking for my turtle.
I'm looking for my ball.
I'm looking for my crayons.
I don't see them at all.

[Repeat chorus.]

[Repeat chorus.]

Yo busco mis guantes,
mis zapatos también.
Se me perdió mi hermano.
¿Qué más puedo perder?

I'm looking for my gloves.
I'm looking for my shoes.
I'm looking for my brother.
What else can I lose?

[Repeat chorus.]

[Repeat chorus.]

Primavera, verano, otoño, invierno
(Spring, Summer, Fall, Winter)
[Sung to the tune of "The More We Get Together" (German Folk Song)]

Le di un regalo a mamá,
a mamá, a mamá.
Le di un regalo a mamá
porque era primavera.
Le di unas flores:
margaritas y rosas.
Le di un regalo a mamá
porque era primavera.

I gave a present to my mom,
To my mom, to my mom.
I gave a present to my mom,
Because it was spring.
I gave her some flowers,
Some daisies, and roses.
I gave a present to my mom
Because it was spring.

Le di un regalo a mamá,
a mamá, a mamá.
Le di un regalo a mamá
porque era verano.
Le di melocotones,
cerezas y fresas.
Le di un regalo a mamá
porque era verano.

I gave a present to my mom,
To my mom, to my mom.
I gave a present to my mom
Because it was summer.
I gave her some peaches,
Some cherries, some strawberries.
I gave a present to my mom
Because it was summer.

Le di un regalo a mamá,
a mamá, a mamá.
Le di un regalo a mamá
porque era otoño.
Hojas rojas le regalé,
verdes y anaranjadas.
Le di un regalo a mamá
porque era otoño.

Le di un regalo a mamá,
a mamá, a mamá.
Le di un regalo a mamá
porque era invierno.
Siete bolas de nieve
muy blancas y heladas.
Le di un regalo a mamá
porque era invierno.

I gave a present to my mom,
To my mom, to my mom.
I gave a present to my mom,
Because it was fall.
I gave her some red leaves,
Some green leaves, some orange leaves.
I gave a present to my mom,
Because it was fall.

I gave a present to my mom,
To my mom, to my mom.
I gave a present to my mom,
Because it was winter.
I gave her seven snowballs,
very white and frozen.
I gave a present to my mom,
Because it was winter.

Song to Accompany Story 7

Un gato, dos gatos *(One Cat, Two Cats)*
[Sung to the tune of "Where Is Thumbkin?"]

Un gato. Dos gatos.
Éste es mi gato.
¡Míralo jugar!
¡Vamos a gozar!

Corre por la cocina,
y en el dormitorio.
¡Qué divertido!
¡Míralo correr!

[Repeat chorus.]

Corre hasta en el baño,
y cruza el comedor.
¡Qué divertido!
¡Míralo correr!

[Repeat chorus.]

Por la ciudad él corre.
¡Fíjate qué bonito!
¡Qué divertido!
¡Míralo correr!
¡Míralo correr!

One cat, two cats,
This is my cat.
Watch him play.
Let's have fun!

He runs around the kitchen.
He runs around the bedroom.
Oh, what fun!
See him run!

[Repeat chorus.]

He runs around the bathroom.
He runs around the dining room.
Oh, what fun!
See him run!

[Repeat chorus.]

He runs around the city.
He looks so very pretty.
Oh, what fun!
See him run!
See him run!

Song to Accompany Story 8

Mi fiesta *(My Party)*

[Sung to the tune of "El coquí" (Puerto Rican Folk Song)]

Estamos de fiesta,	*Here we are at the party,*
contentos y felices.	*We're as happy as can be.*
Gozamos de la fiesta	*We're enjoying the party.*
todos mis amigos y yo.	*And all of my friends are with me.*
La gata aquí	*Here's the cat.*
usa sombrero.	*She's wearing a hat.*

Estamos de fiesta,	*Here we are at the party,*
contentos y felices.	*We're as happy as can be.*
Gozamos de la fiesta	*We're enjoying the party.*
todos mis amigos y yo.	*And all of my friends are with me.*
La víbora	*Here's the snake.*
come más pastel.	*He's eating more cake.*
La gata aquí	*There's the cat.*
usa sombrero.	*She's wearing a hat.*
Estamos de fiesta,	*Here we are at the party,*
contentos y felices.	*We're as happy as can be.*
Gozamos de la fiesta	*We're enjoying the party.*
todos mis amigos y yo.	*And all of my friends are with me.*
Y danza así	*Here's the pig.*
cerdo bailarín.	*He's dancing a jig.*
La víbora	*There's the snake.*
come más pastel.	*He's eating more cake.*
La gata aquí	*There's the cat.*
usa sombrero.	*She's wearing a hat.*
Estamos de fiesta,	*Here we are at the party,*
contentos y felices.	*We're as happy as can be.*
Gozamos de la fiesta	*We're enjoying the party.*
todos mis amigos y yo.	*And all of my friends are with me.*
El caballo	*Here's the horse.*
canta, ¿cómo no?	*He's singing, of course.*
Y danza así	*There's the pig.*
cerdo bailarín.	*He's dancing a jig.*
La víbora	*There's the snake.*
come más pastel.	*He's eating more cake.*
La gata aquí	*There's the cat.*
usa sombrero.	*She's wearing a hat.*
Estamos de fiesta,	*Here we are at the party,*
contentos y felices.	*We're as happy as can be.*
Gozamos de la fiesta	*We're enjoying the party.*
todos mis amigos y yo.	*And all of my friends are with me.*

English/Spanish Picture Dictionary

Here are some of the people, places, and things that appear in this book.

apple
manzana

bedroom
dormitorio

bakery
panadería

book
libro

banana
banana

brother
hermano

bathroom
cuarto de baño

cake
pastel

car
auto

cat
gata

cows
vacas

dad
papá

ears
orejitas

fall
otoño

fire
incendio

firehouse
estación de bomberos

fish
peces

flowers
flores

grapes
uvas

ice cream
helado

grocery store
mercado

kitchen
cocina

hat
sombrero

kitten
gatito

horses
caballos

leaves
hojas

hotel
hotel

library
biblioteca

living room
sala

mom
mamá

oranges
naranjas

party
fiesta

people
gente

pig
cerdo

pond
estanque

post office
correo

present
regalo

shoes
zapatos

sister
hermana

snake
víbora

snow
nieve

spring
primavera

summer
verano

tail
colita

town
pueblo

trees
árboles

turtle
tortuga

winter
invierno

Word List

a
abajo
adentro
adoptarlo
afuera
ahí
ahora
al
allí
anaranjada
aquí
árboles
arriba
así
aventuras
ayuda
ayudarles
ayudarme
ayudarnos
ayudarte
banana
baño
biblioteca
blanca
bomberos
buena
bueno
buenos
buscan
buscando
buscar
buscarla
cama
casa
celebrarlo
cerca
cinco
claro
cocina
comer
comida
como
con

conmigo
consigue
corre
correo
cuatro
cuenta
de
déjame
del
dentro
desanimes
días
dibujo
dibujos
dice
dicen
diez
Dios
domingo
dónde
dormitorio
dos
echo
el
ella
ellos
empezar
empieza
en
encontrar
encuentra
es
ésa
está
estación
estanque
estás
estoy
fabulosa
familia
favor
feliz
fiesta

flores
gata
gatito
gato
gatos
gente
gracias
grande
gusta
gustan
hacer
hambre
hay
helado
hermana
hermano
hogar
hojas
hola
hora
horas
hotel
hoy
idea
incendio
invierno
ir
jardín
Juan
juega
jueves
juguete
la
lados
las
le
lindo
llama
llámenme
llevarlo
lo
los
lunes

mamá
manzana
María
martes
más
mejor
menos
mercado
mi
miércoles
mío
mira
mojarse
mucha
muchas
muchísimo
muy
nada
nadie
necesita
negra
Nicolás
nieve
no
nueve
o
ocho
otoño
panadería
papá
partes
pastel
peces
pedir
pequeña
perdida
pero
piensa
podemos
poner
por
pregunta
primavera

Princesa
pueblo
puede
puedes
puedo
que
qué
quemando
quién
quiere
quieres
quiero
ratón
recordando
recuerda
rica
rosada
sábado
sabe
sala
se
sé
sed
seis
semana
si
sí
siente
sienten
siento
siete
sólo
somos
son
sonríe
su
suerte
tal
también
te
tenemos
tengo
toda

todas
todavía
todo
todos
trae
tres
tu
un
una
uno
uvas
va
vamos
van
ve
ven
ver
verano
verdad
vez
viene
viernes
y
ya
yo

buenos días
Dios mío
echo de
  menos
no te
  desanimes
por todas
  partes
tenemos
  suerte
tengo hambre
tengo sed